MAESTRÍA EN INGRESOS PASIVOS 2020

TU PLAN PARA LOGRAR LA LIBERTAD FINANCIERA PARA JUBILARTE JOVEN, Y JUBILARTE RICO. DESCUBRE LAS ESTRATEGIAS PARA GANAR DINERO EN LÍNEA, INCLUSO SI ERES PRINCIPIANTE Y SIN IDEAS!

PABLO AVITIA

ÍNDICE

INTRODUCCIÓN

Vamos a empezar por la parte interesante y por la que seguro estás aquí: quieres saber si generar ingresos pasivos es eso de ganar dinero sin tener que estar trabajando, sí... es más o menos eso. Es llegar a un punto en el que el dinero comience a trabajar para nosotros y no que nosotros trabajemos para él.

A lo largo de la vida nos esclavizamos al dinero, siempre estamos enfocados en ganar para pagar la hipoteca o el alquiler, pagar los servicios, hacerle algún arreglito al coche, sacar a la familia a pasear, pagar los seguros, comprar ropa, colegios, en fin, todos esos gastos que mes a mes tenemos que cubrir y nos dejamos el alma en ello, así van pasando los años, y un día despertamos viejos, cansados, con enfermedades y tal vez con muchos logros, pero siempre alcanzados trabajando extremadamente duro para poder obtener el dinero. Siendo esclavos de él. Así hay personas alrededor del mundo, siendo esclavas de la moneda y pocos son los que realmente descubren lo que es el ingreso pasivo y más que eso, lo saben explotar para su beneficio. Eso es lo que te quiero enseñar en esta oportunidad, quiero que aprendas a generar ingresos pasivos y cuáles son todas esas fuentes de ingresos disponibles en el mercado, para que sí, trabajes, pero una parte de tu ahorro comience a caminar y no esté estancado en tu cuenta bancaria sin producir.

Si quieres saber el modo en el que puedes generar ingresos pasivos a continuación te lo diré, comenzaré hablándote de lo que son los ingresos pasivos y los tipos de ingresos pasivos que existen. Sean los ingresos donde pones a trabajar el dinero y ves los frutos con el tiempo o cada cierta temporada, así como sucede cuando compras un apartamento y generas dinero con un inquilino que mes a mes te paga por estar allí, ese es un tipo de ingreso pasivo, pero realmente son tantas las opciones con las que puedes ganar dinero que te sorprenderá no haber empezado antes a generar ingresos pasivos.

Aunque generar ingresos pasivos no es decir, lo voy a hacer y ya está, también se cometen errores comunes y uno de ellos es no creértelo, esto es fatal para los ingresos pasivos, porque cómo puedes hacer algo en lo que no crees, así que te mostraré esos errores comunes que cometes cuando buscas que el dinero trabaje para ti pero realmente no crees en ello.

Te diré cómo puedes tener fe en este tipo de ingresos para que comiences a generarlos desde dentro de ti, desde toda la creencia.

Luego te hablaré de los beneficios, que son muchos los que tiene, uno de ellos, el más anhelado de todos es alcanzar la libertad financiera, el poder tener dinero suficiente para hacer lo que siempre has soñado, el dejar algún empleo que tengas y el de no preocuparte más por el dinero, sino tener preocupaciones más de un emprendedor, como el invertir, ganar negocios, acordar proyectos con otros, en fin, una serie tan grande de beneficios que no tienes que hacer más que explotarlos.

Este trabajo lo preparé desde mi propia experiencia, quiero contarte todo lo que me ha resultado y te puede resultar a ti para que comiences ahora mismo a generar ingresos pasivos y lo mejor, que lo hagas con éxito. Si quieres saber cómo hacerlo, te invito a que pases y conozcas todo lo que tengo para ti.

¿QUÉ ES UN INGRESO PASIVO?

*A*unque ya en la introducción te di un abreboca de lo que son los ingresos pasivos y de seguro en este momento ya infieres de qué es de lo que hablo, ahora quiero entrar en el tema con un poco más de profundidad. Qué son los ingresos pasivos, todos queremos generar mucho dinero sin tener que trabajar mucho, ese es el gran sueño de aquellos a los que nos gusta el dinero y nos gusta ganarlo honradamente. Pues eso no es tan difícil de lograr.

El término ingresos pasivos se maneja en el mundo de las finanzas y se refiere a generar ingresos sin necesidad de dedicarle tanto tiempo y esfuerzo, no se logra con una vara mágica y no es que los que lo hacemos tenemos un pacto o somos superiores a quienes no, solo descubrimos esta manera de ganar dinero más allá de la conocida manera de hacerlo trabajando duro por 9 horas o más al día de lunes a sábado.

Los ingresos pasivos es entrada de dinero que llega sin que le dediquemos tiempo, es una renta que podemos percibir sin tener una actividad "activa", esto quiere decir sin que tengamos que dedicar un esfuerzo permanente.

La diferencia de los ingresos pasivos de los ingresos activos es que los activos es donde se intercambia tiempo y conocimiento por dinero, en la medida en la que se trabaje pues el dinero va a entrar. Pero con el ingreso pasivo se trabaja al inicio, se encamina el proyecto y luego cada cierto tiempo se genera ese ingreso que llega a nuestras arcas personales. Claro, cada cierto tiempo hay que echarle un ojo para confirmar que todo va marchando a las mil maravillas o para hacerle mantenimiento o ajustes, pero ya está, el dinero se genera sin que tengamos que estar allí comprometidos 24/7.

El dinero no te cae del cielo como si fuera Maná, no señor, tú logras estructurar un flujo de ingresos y llega a tu bolsillo, es como te comenté antes, como el arriendo que se percibe cada treinta días, que nos paga el inquilino.

Algunas de las características de estos ingresos es que se puede escalar, no es que llega una tarifa fija, podemos ganar mucho más, como cuando se es un prestamista, cada interés que paga el deudor es un dinero que podemos prestar y así este nuevo ingreso genera más y más dinero y al final somos grandes prestamistas, escalamos, o sea ganamos dinero de manera pasiva y cada vez podemos ganar más, haciendo casi nada.

Ingresos por tiempo

Cuando te hablo de ingresos por tiempo me estoy refiriendo a actividades donde generas dinero cada cierto tiempo gracias a un pago que te hacen de manera mensual, como el que ya te nombré un par de veces, el alquiler de una casa, apartamento o local.

También el dinero que puedes percibir cuando te pagan intereses por hacerte prestamista y percibes el pago que te hacen las personas, allí tienes un dinero que puedes reinvertir para otros proyectos o para prestarlo más.

Muchas personas viven tranquilamente de estos ingresos pasivos, porque solo lo administran, se mantienen pendientes de que todo marche bien y el trabajo que más hacen es buscar nuevas fuentes de ingresos pasivos para invertir allí el dinero que van a ir necesitando, es una maravilla, una vida idílica que todos soñamos. Bueno, es posible si jugamos bien nuestras cartas.

Otro de los ingresos pasivos por tiempo es que cobres unos derechos de autor o royalties por alguna creación que tengas por allí, puede ser que vendas libros y cada cierto tiempo te dan regalías o te llega el cheque por lo que se vendió ese mes, estás ganando dinero por lo que escribiste y además te sientes feliz contigo mismo porque haces lo que amas, escribir.

Eres un gran artista que genera todo tipo de contenido, entonces generas ingresos porque te pagan por suscribirse para contenido privilegiado, como el tener un canal de YouTube donde seas un coach con muchos seguidores, pero si quieren contenido más condensado y rico, se puede suscribir al canal y pagar una pequeña mensualidad donde tienen acceso ilimitado a otros contenidos, esto es un ingreso adicional pasivo que es muy bueno.

Otro tipo de ingreso pasivo puede ser que eres un empresario que tienes años trabajando duro y viviendo todo lo que es ser un cabecilla de empresa y ya estás cansado, pero puedes ahora ceder un poco el negocio y poner un gerente, este debe cargar con todo lo que implica la empresa y tú tranquilo recibes un dinero mensual, claro dan una vuelta de vez en cuando para que el gerente no te estafe o mal administre y se lleve el negocio al caño, pero al menos tienes un ingreso pasivo mientras descansas un poco de la carga de empresario.

En fin, son muchas las formas de generar ingresos pasivos por tiempo, que llegan sin que tengas que estar tan enfocado en ellos.

Ingresos por resultado

Los ingresos por resultado son otro tipo de ingreso que generas de acuerdo a los logros, ¿te imaginas cuáles son estos tipos de ingresos pasivos? Si no lo sabes te cuento algunos de ellos:

A lo mejor eres un vendedor de seguros y cada año te pagan un dinero que llega por todos esos asegurados que has tenido, es decir además de la comisión que te sudaste al convencer a la persona de elegir el seguro al que perteneces, también recibes una prima anual adicional, esto lo tienen algunas empresas aseguradoras.

Otro caso puede ser que seas un fotógrafo y tengas tus trabajos en esos sitios donde la gente entra y si le interesa la foto la compra y allí ganas dinero, claro te dio un trabajo crear una imagen hermosa y el montarla y configurar la oferta, pero luego te dedicaste a otra cosa y un día voilá, te llegó el dinero pasivo.

Ser un jefe de ventas es también otro modo de ingreso pasivo por resultados, gracias al trabajo en equipo generas ingresos, un ejemplo con una empresa: Herbalife es un tipo de empresa piramidal, entonces generas dinero por cada nuevo vendedor que se sume a tu equipo y de acuerdo a sus ventas tú ganas más dinero, este es un claro ejemplo de ingresos pasivos por resultados.

Otro modo de generar ingreso pasivo por resultado es que comiences a enseñar y dejas un material donde detallado das una clase determinada de cualquier tema, este es subido a plataformas donde es vendido, cada que se venda ganas un dinero por el resultado de la venta.

Así, estos son los tipos de ingresos que puedes percibir por resultado cada que quieras, ingresos pasivos que pueden encaminarse desde hoy.

Ingresos pasivos

A estas alturas donde vamos tú y yo, de seguro tu

mente comienza a volar e imaginarse desde tu contexto cómo puedes comenzar a generar ingresos de inmediato. Es que cualquiera, la primera vez que yo lo escuché quería comenzar a generar dinero ya mismo. Eso es bueno, si en tu mente circulan muchas ideas que piensas "y si..." estás por buen camino, piénsalo bien que pronto tendrás esa idea maravillosa para generar ingresos pasivos en tu entorno.

Personalmente, pienso que lo más importante no es lograr tener ingresos pasivos sin tener que trabajar, sino lo que me gusta es crear un sistema que funcione automatizado y me llegue el dinero sin estar cada día dedicándole tiempo. Esto me dio tantos beneficios y me sigue dando.

Tengo libertad de horarios para disfrutar más de la familia, hace poco casi ni compartía con ellos y me perdía la infancia de mis hijos y abandonaba a mi esposa, ahora no, puedo dedicarles más tiempo y lo mejor, sin dejar de ganar dinero.

Hago lo que me gusta, pienso en proyectos, mi mente está más despejada sin tanto estrés, me siento valorado porque no soy esclavo de un empleo, sino que disfruto de mis labores plenamente.

Contar con un negocio online es la mejor manera para generar ingresos pasivos, aunque esto no es algo que atrae a todo mundo, hay personas que aman tener un empleo y pasan la vida entera sirviendo a otros, esto es la libertad de cada uno, muchos son felices así y es válido, es parte del libre albedrio que tenemos. Pero si no eres de ese grupo y si quieres generar ingresos pasivos, y alcanzar la libertad financiera, pues estás en el lugar correcto.

2

ERRORES QUE DEBES EVITAR CON LOS INGRESOS PASIVOS

*A*hora que ya te he contado lo que son los ingresos pasivos y lo que puede significar para tu vida, a lo mejor si eres un poco escéptico podrías mirar con desconfianza esto que te digo y pienses que no puedes merecer tener este estilo de vida. Te hablaré de los típicos errores que se cometen cuando buscas los ingresos pasivos, comencemos por el de:

No creértelo

Este es el primero. Mucha gente comienza a buscar ganar ingresos pasivos pero no se lo creen, imaginan que es algo que no está diseñado para ellos, cuando en realidad sí, es real, es que es tan bueno y no tenemos la costumbre de ganar dinero sin trabajar que imaginarlo es algo que genera un cortocircuito, lo entiendo totalmente, desde niño nos inculcan que lo que fácil llega fácil se va, que el dinero fácil es el mal habido, pero ya vas viendo que no es así, y más adelante te darás cuenta que hay maneras de poner el dinero a trabajar tanto offline como online y podrás ganar dinero sin trabajar,

Entonces el primer paso que tienes que hacer es que te lo creas, pero con toda la fe. Sabiendo que si empleas las acciones necesarias vas a poder lograr los objetivos que te plantees sin miedos y sin reservas.

Si crees que esto de los ingresos pasivos existe pues es así, es tan real como las deudas y que a fin de mes tienes que pagar una serie de compromisos, así de real, solo tienes que trabajar el mindset y dejar de vivir para trabajar y ahora trabajar para vivir.

No actuar

Está bien, te vengo diciendo que los ingresos pasivos es generar ingresos sin tener que trabajar, pero tampoco es que no hagas nada, los ingresos pasivos no aparecen solos, si así fuera todos tendríamos dinero en nuestro bolsillo y este trabajo no existiría.

Para generar ingresos pasivos se tiene que hacer más

que conocer el concepto y pensar en esa idea genial, ¡Se tiene que actuar! Y eso se logra viendo qué es lo que quieres hacer y empezarlo.

Comienza pensando, allí desde donde estás piensa qué podrías hacer para generar dinero: ¿sabes algo que otros no sepan? ¿Se te da bien escribir? ¿Sabes cantar? ¿Tomas fotografías geniales? ¿Eres un crack en diseño de páginas webs y puedes hacer una web de afiliación?

¿Ya tienes la idea?

Excelente. Ahora tienes que cocinarla, analizarla bien y crear un programa de trabajo para que comiences a ponerla en marcha, ya cuando estás pensando en cómo la puedes poner en marcha estás trabajando en camino a conseguirlo. Luego viene que hagas el trabajo, sí, en esta parte tienes que ponerle un poco de empeño y trabajar un rato, pero te prometo que al final cuando dejes encaminado el proyecto tendrás que trabajar mucho menos.

Pero es importante actuar. He conocido muchas personas, amigos y cercanos y no tan cercanos que tienen ideas extraordinarias pero las tienen en la mente y solo se dedican a contársela a cuanta persona se cruce por el frente pero no son capaces de ponerlas en marcha, solo la ponen a actuar con la lengua pero no con las mano o la mente... eso es tirar talento y siento pena por ellos, la idea es que las ideas se pongan en marcha, si quieres vender ebooks, pues escribe el ebook, corrígelo, diagrámalo, y móntalo en una plataforma, hazle el trabajo de SEO y espera a que comience a generar dinero.

Si quieres vender cursos entonces prepara el curso, hazlo, déjalo listo para su consumo y ponlo en la plataforma donde lo vas a vender y espera.

Si quieres generar ingresos arrendando un inmueble entonces pon el aviso arrienda y espera mes a mes ganar dinero.

Tienes que actuar, hacer lo que sea necesario para que comiences a generar los ingresos pasivos. No puedes esperar a que lleguen solos, jamás sucederá.

No implicarte

Vamos a suponer que ya en este momento encaminaste el proyecto de generar ingresos pasivos y este está caminando y ya generó algunos ingresos que llegaron a tus arcas, estás feliz, puedes decir que es dinero fácil y espera que esto sea algo infinito.

A lo mejor por mucho tiempo el dinero llegará a tus

bolsillos sin problema alguno y gracias a ese esfuerzo inicial, pero esto es como cuando se tiene un auto, no puedes andar con él de arriba para abajo sin darle un cariño, los coches toca cada tanto salir, darle una lavada, mirarle el, aceite, llevarlo a revisiones periódicas, revisar las llantas y hacerle mantenimiento, no es algo eterno que te llevará rodando por todo un continente sin parar solo repostándole combustible y agua.

Bien, algo así es con los ingresos pasivos, no puedes dejar de darle una vuelta a ver cómo están marchando los negocios, si están bien o si necesitan un mantenimiento, por ejemplo, cuando son negocios online por decir un sitio donde compran por medio de afiliación, tienes que revisarle el SEO, revisar que este marche bien, hacerle mantenimiento, actualizar, generar algo de contenido.

Te tienes que implicar en el negocio, ver lo que pasa, el hecho de que no debas estar de 8 a 5 en una oficina no significa que no le mires de vez en cuando, al ojo del amo engorda el ganado, dice un refrán por ahí, y esto es cierto, si eres un empresario que cedió la empresa a un gerente para que la administrara, tienes que ir de vez en cuando a ver cómo van los asuntos.

Si vendes ebooks digitales tienes que revisarlos cada tanto, ver si la gente pregunta, atenderlos, pequeños detalles que no se pueden descuidar.

Si recibes regalías debes revisar cada tanto cómo marcha el negocio si necesita algunos ajustes si se puede generar ingreso de otro modo.

Se tiene que hacer lo que sea necesario, para ello tienes que implicarte, eso es lo que quiero decir. No descuides los ingresos pasivos porque luego puede que estos empiecen a mermar y al final dejen de llegar y tengas que empezar de cero.

Un ejemplo, vamos a suponer que generas ingresos pasivos con criptomonedas, muchas personas viven de esto, pero si no cuidas el negocio, podría generar que al final termines perdiendo porque la moneda fluctúa y pierdes o puedes descuidarte y perder la oportunidad de la vida no invirtiendo en una moneda que va a subir.

Vas a implicarte pero en este caso lo harás a tu ritmo, no estando a merced de las peticiones de un jefe que exige constantemente que le atiendas y le mandes obligaciones, vas es a atender tus negocios, vas a revisar tus sitios webs, darás una vuelta por el inmueble alquilado, verás que los préstamos que has hecho está al día con los deudores y con sus intereses, en fin, trabajarás de otro modo, de uno más delicioso y donde se gana mucho más dinero.

Ahora que sabes lo que es generar ingresos pasivos, los errores que no debes cometer y ya que te voy metiendo más en materia, entonces te voy a contar los beneficios que tiene generar ingresos pasivos, pero eso será en el próximo capítulo.

3

BENEFICIOS DE LOS INGRESOS PASIVOS

*L*ibertad financiera

Ya te he nombrado varias veces esto de la llamada libertad financiera, pero no te he hablado a ciencia cierta de qué se trata, en este punto comenzaré a hablarte de ella.

La libertad financiera también es un concepto que se define como la capacidad de poder dejar de trabajar pero seguir ganando dinero sin que tengas que estar presente de manera permanente en un lugar.

Esto lo logras cuando los ingresos pasivos son superiores a los gastos que tienes mensualmente, es decir te entra dinero que puedes usar para pagar todo e incluso ahorrar, pero no estás trabajando como tal, no tienes que madrugar para ir a un sitio, no tienes reuniones densas, ni que cumplirle a jefes, estás a tu ritmo generando ingresos, eso es la libertad financiera.

La mayoría de las personas son esclavas del trabajo, tienes que estar trabajando todos los días para poder ganar dinero e incluso se hacen adictas quieren trabajar y se sienten mal si no estás sentadas haciendo algo, esto hace que se priven de hacer las cosas que les gusta, pierden de estar con la familia, de gozar, esto es algo que sufre el 95% de la humanidad.

Allí es donde calza esto de la libertad financiera, donde se puede ser libre de trabajar pero generar dinero, lamentablemente esto no se enseña en la escuela, desde que somos niños se nos inculca que estudiemos para ser abogados, licenciados, maestros, ingenieros, profesionales de alto nivel, pero esclavizados a compromisos, no se nos da opción a los soñadores de pensar en que podemos trabajar para generar ingresos pasivos y luego disfrutar de ellos, eso no lo aprendemos en el aula, lo aprendemos en la universidad de la vida, la mejor de todas.

El dinero se mueve de una manera curiosa en nuestra sociedad, porque por un lado tenemos al empleado, el que más abunda:

El empleado es ese que es asalariado, recibe un sueldo, pagos o haberes por hacer determinada tarea. Empleado es desde la persona que reparte el café en la oficina hasta el CEO principal de una multinacional, el político es un empleado del pueblo, en fin empleados son casi todos.

Aquí está siempre el miedo de ser despedido, perder sueldo, no poder ascender, no poder trabajar en otro lado, no poder ir a otros lugares sino estar pegado a un empleo diario. Aquí se pueden tomar meses de licencia pero en esos meses, dinerito no hay.

Otro tipo de persona es el autoempleado, en este se meten a los profesionales, las personas que con su esfuerzo generan dinero y que pueden tener un cartón con un título en la pared o pueden no tenerlo, pero son aquellos que con las habilidades que poseen pueden recibir un honorario. Por ejemplo un ingeniero, un asesor, un médico, taxistas, masajistas, etc.

También se pueden meter a esos pequeños empresarios con negocitos donde están a diario atendiéndolo, el bodeguero, el que tiene el local de comida, el abasto, tiene que trabajar a diario para generar buen dinero.

Aunque muchos desean tener su negocio, este es un

tipo de ingreso donde tienen que estar allí presentes no se pueden ir un año y olvidar la empresa, porque se muere, la quiebran, la estafan, al ojo del amo es que engorda el ganado, ya lo dije.

En esta categoría el ingreso se logra con el esfuerzo propio, si te vas de vacaciones no hay dinero, si te enfermas no hay dinero, aquí no se deja de trabajar nunca y ser autoempleado es trabajar mil veces más, no es el objetivo.

Sigue lo que es el dueño de negocios, estas son las personas propietarias de un negocio, una franquicia, son los que han creado un sistema que trabaja para ellos aunque no estén metidos de cabeza en a diario.

Por ejemplo, las franquicias grandes de comida, farmacias, cadenas de ropa, este tipo de negocios.

Finalmente están los inversionistas, cuando se habla de inversor, la palabra da como miedo y mucha gente le huye porque le da temor perder el dinero que tanto le ha costado ganar. Quienes tienen capital a veces prefieren quedarse en cualquiera de los anteriores puntos pero no se atreven a invertir.

Ser inversor no siempre quiere decir ser arriesgado. Ser inversor requiere de conocimientos que no se aprendieron en la escuela.

Dentro de los sectores donde se puede invertir, están los bienes inmuebles, puedes comprar casas o apartamentos, los automóviles, las acciones, afiliaciones, membresías, libros, entre muchas otras.

Un ejemplo, un autor de un libro recibe cada que alguien compra un ejemplar, un dinero, igual el cantante cada que compran un disco o lo hacen online por alguna plataforma de pago. Esto genera ganancias.

Este sector se distingue porque no necesita del esfuerzo físico para generar dinero, ni necesita estar yendo a trabajar o si no será despedido. Así te enfermes seguirás ganando dinero.

Eso es lo que se llama dinero pasivo y es el que lleva a que se tenga libertad financiera, cuando trabajas en que todos tus ingresos sean pasivos tu vida cambia por completo.

Tienes que entender que si se es empleado o profesional no va a lograrse la libertad financiera, porque los ingresos no son pasivos, puedes ganarte un buen dinero, pero lo ganas porque trabajas duro, es dinero ganado en activos, dependen de tu trabajo.

Si eres dueño o inversor puedes lograr la libertad

financiera, pero es solo si sabes generar los ingresos pasivos superiores a los gastos.

No te preocupes, te diré cómo hacerlo.

Oportunidad de crear tu propio estilo de vida

Otro de los grandes beneficios que ofrece el ser afortunado de tener ingresos pasivos es que puedes tener el estilo de vida que siempre has querido. Lo puedes ir amoldando y te cuento un secreto, uno siempre tiene un deseo de estilo de vida y luego el que tienes es distinto, pero es mejor ese estilo de vida real. Te cuento por qué, a lo que comienzas a crecer en este mundo, maduras un poco, es decir comienzas a ver las situaciones con otros ojos y adquieres muchas lecciones que puedes emplear en tu día a día.

Lo que hagas debe darte la oportunidad de tener el estilo de vida que quieras, con estilo quiero decir que lo que el dinero pueda darte, pero más allá del dinero, el placer de vivir, disfrutar de las cosas que te ofrece la vida, sentirte pleno con lo que sucede a tu alrededor.

Me podrás refutar que un empleo te da mucho dinero y con eso compraste casa y coche y vas todos los años a ver a Mickey Mouse, pero eso seguro se traduce en horas interminables trabajando, perdiendo oportunidades de compartir con la familia, quebrantar la salud, crecer como persona y tantas cosas que se pierden cuando se trabaja demasiado.

Vivir con un estilo de vida bueno es poder darle prioridad a las cosas que verdaderamente tienen valor, lo que llena el alma, escribir esa novela que tienes en la mente hace 25 años, hacer retiros, dedicarte a tareas religiosas, lo que sea que te llene el corazón. Lo mejor de todo esto es que es una decisión personal, el que sea una decisión propia no es que sea algo fácil, para alcanzar la libertad financiera por medio de los ingresos pasivos necesitas trabajar primero, poner a andar ese motor, ya luego disfrutas de los frutos de la siembra.

Te pregunto esto ¿Qué es más importante? ¿Pasar tiempo con la familia o quemarte 16 horas trabajando? ¿La salud? ¿Dónde me dejas eso que amas hacer pero no haces porque no tienes tiempo?

Cambiar ese estilo de vida es un proceso porque además de lograr generar los ingresos necesarios tienes que trabajar la mente, enseñarle que se tiene que modificar, que debe hacer los cambios necesarios para que deje esa realidad y se cambie el ideal, pero si no se sabe cómo es ese ideal entonces no se podrá hacer lo necesario para llegar allí.

Lo primero que se tiene que hacer es lo que es verdaderamente importante, dicho de otro modo, es hacer estos pasos que ayudaran a lograrlo:

¿Tienes clara tu visión de vida? ¿No? No te preocupes, no eres el único muchas personas pasan por eso y es lo más normal del mundo, estás cambiando la mentalidad, es normal que no sepas, a lo mejor nunca habías pensado en eso con seriedad sino era un sueño. Una cosa es querer saber dónde estar y otra muy distinta es tener la mentalidad clara de eso. Vamos a poner como ejemplo a las empresas, en ellas se desarrollan visiones a mediano y a largo plazo, estas dibujan el camino y las acciones que quieren tomar. Por lo general son cosas como ser la empresa que lidere el mercado de…

¿Quién serás en 5,10, 15 años?

¿Cómo quieres pasar el tiempo? Esta pregunta es muy buena y merece que tenga una respuesta ideal, por lo general la gente dice cosas como viajar, leer en la playa, dormir, ejercitarse.

Son actividades que se disfrutan, por supuesto, pero no es algo que se haga todo el tiempo, ¿cómo quieres realmente pasar el tiempo? Hay 24 horas en un día ¿cómo quieres usarlas?

Ganas más trabajando menos

Otro de los grandes beneficios que tiene el ser una persona que genera ingresos pasivos es que comienzas a trabajar menos y a ganar más y así hay muchísima gente, yo soy uno de ellos, trabajo menos pero genero mucho más dinero del que ganaba cuando trabajaba todo el día, vivía estresado, obeso, comía mal, dormía mal, no atendía a mi familia y me sentía mal conmigo mismo, pero desde que comencé a trabajar más por los ingresos pasivos, me siento mejor y las preocupaciones de dinero no son como las veía antes, donde me preocupaba por llegar a final de mes para cumplir con los pagos fijos, ahora mis preocupaciones son distintas, aunque más que preocupaciones son procesos donde siempre estoy evaluando cómo generar nuevos ingresos pasivos. Por eso quiero en el otro capítulo enseñarte a generar ingresos pasivos, vas a ver cómo en tu entorno de vida hay ingresos pasivos que puedes explotar y aprovechar.

4

PASOS PARA GENERAR INGRESOS PASIVOS

*C*rea algo que genere ingresos

Ahora que tenemos en mente lo que es esto de generar ingresos pasivos, y ya se va teniendo clara la idea de lo que esto significa para nuestra vida, viene la gran pregunta ¿entonces qué hago para generar ingresos? Tienes que crear algo que genere ingresos y para ello necesitas dedicarle un tiempo a mirar tu entorno.

¿Qué haces ahora mismo?

A lo mejor tienes un ahorro en el banco, ¿por qué no poner ese dinero a producir? Dependiendo de la suma será el proyecto. Puedes empezar por invertir en acciones y esperar el retorno de inversión con una ganancia.

Escribe un ebook y publícalo, si es que cuentas con este don, o puedes pintar y hacerlo no como hobbie sino como profesión y buscar colocar obras a consignación.

¿Tienes un conocimiento que otros no? A lo mejor sabes hacer algo que otras personas no sepan, puedes grabar un curso y venderlo por internet.

Son muchas las opciones que tienes para poder generar ingresos constantes y pasivos, solo tienes que fijarte en el entorno y en ti mismo, ver lo que sabes hacer y sacarle provecho a eso dejando que el dinero trabaje para ti.

En internet hay una infinidad de oportunidades, más adelante te voy a contar cómo generar dinero con ingresos pasivos a través del internet.

Pero ahora mismo puedes hacerte la pregunta de qué sabes hacer y qué te gusta ¿no sería maravilloso vivir de lo que sabes hacer en vez de trabajar en un empleo para otra persona? Pues eso es posible y lo logras dedicando un rato a analizar qué puedes hacer.

Conozco muchas personas que comenzaron vendiendo libros por internet, obras propias, las suben a Amazon y las venden y ya tienen a la fecha muchos libros y todos los meses le generan dinero pasivo, la persona se siente totalmente feliz consigo misma y anda escribiendo más, ha cumplido el sueño de vivir de la escritura, ingresos pasivos que además le generan placer porque se siente feliz de hacer lo que hace.

No hizo magia, solo creyó en su trabajo y apostó por él, ahora tiene un ingreso pasivo mensual que le ayuda muchísimo.

Céntrate en un público objetivo

Te he mostrado muchas opciones que puedes emplear para generar ingresos pasivos, pero aquí vamos a ser cuidadosos; esto te lo digo así porque seguro esta información la van a ver muchísimas personas y cada uno tiene su propio gusto. El que te nombre varios temas no significa que vas a cantar y a vender música, escribirás libros, venderás cuadros, te harás prestamista, montarás un blog, todo a la vez, no. Porque te aseguro que al final tirarás todo y te sentirás frustrado. Así no se hacen las cosas.

Vamos por partes, comencemos por centrarnos en que generes dinero con un solo objetivo, un público, la persona que compra libros no es la misma que va a comprar tus canciones o que comprará en tu tienda online, puede que lo haga, claro, pero no es el público objetivo, si te enfocas en un nicho podrás dar todo en él y luego cuando se empiece a generar el ingreso, se hará con ese público, cuando lo encamines, entonces puedes apostar a otro nicho.

Lo que quiero decirte es que hagas una cosa a la vez para que no pierdas el enfoque y obtengas mejores resultados.

Quienes logran obtener ingresos pasivos desde distintos frentes lo consiguen porque se enfocan en uno a la vez y así invierten toda la energía en cada uno y luego van mudándose a otros.

Atrae a tu público (Propuesta Única de Valor)

Cuando se habla de la propuesta única de valor se habla de lo que es la idea, lo que se hace para posicionar el negocio o lo que vayas a hacer. Es eso que haces para que una persona te contrate o compre a ti en vez de al otro.

Esto de generar ingresos pasivos es un negocio, tienes que generar ese dinero y eso lo haces con propuestas atractivas que la gente desee comprar.

La propuesta única de valor te permite que seas distinto a los demás, te genera un enfoque en el cual te diriges para lograr los objetivos que quieres alcanzar.

Tener la propuesta única de valor es un trabajo arduo que exige que conectes con eso que realmente quieres mostrar, pero una vez que lo consigues el resto del marketing se te va a hacer más fácil porque es un camino que ya conoces y en el que te sientes cómodo.

Este es el punto de partida que harás para poder sacar ese producto o servicio con el que deseas ganar dinero en pasivo.

Si no tienes ni la más remota idea de cómo hacer la propuesta única de valor, no te preocupes, te dejaré algunos consejos para que la hagas no solo para ese primer proyecto de ingresos pasivos, sino para todos los que vas a emprender a partir de ahora.

Lo primero que te tienes que preguntar es ¿por qué deben hacer negocios las personas contigo en vez de con otras personas?

¿Qué hace que eso que ofreces sea distinto a lo que ofrecen los demás?

¿Qué garantizas que los demás no pueden garantizar?

Ahora te corresponde afinar la propuesta desde fuera a través de los ojos de los posibles compradores, esto es algo difícil, cuando se trabaja a diario en el negocio como lo hacen muchos emprendedores, pero es también una ventaja porque tienes acceso a esa fuente de información.

La mejor forma de encontrar una propuesta única de valor es escribiendo, escuchando, hablando. Es conectando con ese mercado al cual quieres llegar, con ese nicho.

Puedes empezar tomando unas ideas que tengas ahora y conversarlas con esos que crees que pudieran ser tus clientes ideales y ver la reacción en ellos. Cuando des con el ideal lo sabrás por los mismos posibles compradores, ese es el que vas a usar.

Un buen paso para resumir y comunicar la propuesta de valor es que se cree la descripción del negocio, una buena descripción comunica así lo que montes en el medio que lo hagas podrá causar un impacto y es un dinero que comienza a llegar constantemente.

No es lo mismo un dinero pasivo que llega constante, que uno que llegue de vez en cuando, cuando estás de suerte y alguien compra eso que vendes. Si vas a generar ingresos pasivos tienes que hacerlo bien, encaminar ese negocio y dejarlo andando casi solo.

Mantén una buena atención a tus clientes

Está bien que te he dicho que tienes que dejar el negocio andando solo, pero esto no significa que me abandones a los clientes, por supuesto que no. Tienes que tener acceso a la información que publican estos, si preguntan algo, por ejemplo, estás vendiendo un curso de Word 2010, y algún usuario te pregunta en esa plataforma donde lo ofreces que si ese curso trae una sección con ejercicios o si explican cómo conseguir atajos de teclado o cualquier cosa que pregunte el cliente. Tú tienes que atenderlo, escribirle con atención y decirle incluso algún otro beneficio que tenga ese curso, para invitarlo a que lo compre y así generes un ingreso adicional por ese gran trabajo que estás haciendo.

Sea que vendas cursos, que tengas libros en Amazon, que vendas canciones, fotografías, lo que sea que tengas, el cliente es el rey y toca atenderlo siempre para que este oferte y genere otro ingreso pasivo.

Con el ingreso pasivo no trabajas, bueno, no de

lleno, pero si tienes que vigilar que todo marche bien y hacer algún trabajito como atender al cliente cuando corresponda.

A lo mejor luego el trabajo es tan bueno con muchos ingresos pasivos y la gente va a preguntar tanto, entonces para que no asumas un trabajo atendiéndolos, puedes darle empleo a un community que atienda a los clientes, de esta manera sigues generando dinero en pasivo y mantienes contentos y atendidos a los clientes.

Actualiza tu producto

Respecto a los productos también hay un tema. Tomo el ejemplo de los cursos. Eres una persona sabia que tiene muchos conocimientos, redactaste un curso maravilloso que vendiste por internet, es una preciosura, lo vendes como pan caliente, pero de repente comenzaste a ver que ya no se vende igual y un día dejó de venderse.

Tienes un buen trabajo de SEO y el trabajo tiene buenos comentarios ¿qué pasó?

Simple, ese curso maravilloso que hiciste es de Windows 98, ya hay como veinte versiones nuevas, te desactualizaste.

Ahora tienes que hacer un curso de Windows del que está en el momento en el mercado. Con esto te quiero decir que los productos se actualizan, algunos son no perecederos, como un libro, fotografías, pinturas, pero incluso estos a veces toca cambiarlos, porque ver allí lo mismo siempre, puede aburrir, en cambio, si hay dinamismo, si actualizas y promueves que se vendan otras cositas, ganarás más dinero, aumentas las posibilidades de compra porque los que te siguen verán que tienes novedades y alguno compra algo.

Tienes que actualizar los productos en todos los ámbitos, si tienes una tienda online, debes revisar constantemente, lo de moda ahora es vender productos de Amazon, estos productos caducan y se van vendiendo, hay que revisar, actualizar y estar pendiente del sitio.

Por ejemplo tienes un sitio donde vendes taladros inalámbricos, a lo mejor la marca sacó un nuevo modelo de taladro, tienes que hacerle su guía y publicarlo porque ese taladro los amantes del rubro de seguro lo buscarán y si lo tienes en tu sitio web entonces te lo comprarán.

A eso me refiero cuando te hablo de que actualices los productos.

5

TIPOS DE INGRESOS PASIVOS E IDEAS

*H*ay una gran variedad de tipos de ingresos, te quiero mostrar los principales con los cuales puedes tener dinero que llegue en pasivo, te hablaré brevemente de cada uno de ellos.

Ingresos residuales

Los ingresos residuales son esos que te llegan por un dinero que queda de la ganancia de venta de algo o cumplimiento de metas, la variedad es amplia, pero te mostraré los que son más relevantes en este medio.

Escritor de una novela

Puedes escribir una novela, un libro de cuentos, un

poemario, un ensayo, un libro de no ficción. Cualquier tipo de libro, en este caso se mueve en dos terrenos, por un lado está el tener la suerte de ser editado por una editorial donde no pagaste porque te imprimieran el libro, sino que ellos tomaron el texto y te pagan unas regalías por este.

A lo mejor si es una editorial grande te dan una suma que corresponde a un adelanto de las ventas, digamos que para los primeros mil ejemplares.

A lo mejor tu libro es la novela del año y se venden 5 o 10 mil ejemplares, vas a seguir recibiendo dinero por esas regalías y vas a vivir la maravillosa vida de un escritor de gira con su obra y el respaldo de un sello editorial.

Ahora está el otro lado de la moneda, el de ser un escritor autopublicado que monta su libro en una plataforma, digamos que Amazon, allí comienza a generar ganancias desde la venta del primer ejemplar, Amazon por supuesto se queda una parte y tú percibes un ingreso, este lo delimitas tú cuando montas el libro y pones el precio, allí sale la ganancia que vas a tener.

También con Amazon puedes vender libros en papel e igual tienes una ganancia. Esto fue visto con malos ojos por años, pero no es así, hay tesoros literarios en Amazon y una amplia comunidad de escritores que se hacen llamar escritores indie, entonces este es un buen modo de generar dinero en pasivo, escribiendo, como te nombré antes, conozco muchas personas que ganan dinero de esta manera y ganan muy bien.

Agente de seguros

Antes lo nombré, al principio, los agentes de seguros pueden generar un buen ingreso gracias a las ganancias que deja anualmente por las regalías de lo que pagan los clientes que ha afiliado ese año. Esta es una manera de generar más ingresos.

Además es algo que va en suma, porque a lo mejor vendes ahora, genera una cantidad de ingresos, pero lo que ha vendido en el año en curso se suma para el otro pago, es un pasivo que va llegando en la medida en la que vayas generando seguros a clientes.

Profesor de curso online

Si tienes conocimientos que depositaste en cursos que vendes online son ingresos que llegan con frecuencia en la medida en la que vas vendiendo el curso, cada que una persona compre ese curso y aprenda de ti, ganas dinero y seguro recomendaciones para más compras.

Lo interesante de los cursos es que puedes hacer varias versiones o venderlo de acuerdo a lo que estés haciendo, por ejemplo puedes vender un curso de fotografía, entonces en una es un curso para exteriores, otro para interiores, uno para fotografías comida, fotografiar personas, hacer fotos de noche, en fin, las opciones son muy amplias, cada curso te generará una ganancia cada que los interesados lo compren, esto te deja una ganancia y si le haces un buen trabajo de Social Media entonces de seguro lo venderás constantemente y será un ingreso pasivo con doble premio: ganas dinero y te posicionas como un maestro líder en la materia.

Fotógrafo

Los fotógrafos tienen un don para convertir una imagen en una obra maestra, a través de un lente. Estos tienen la ventaja de montar sus imágenes en sitios donde los interesados entran a verla, entonces por ejemplo, crean un portafolio del fotógrafo Carlos Vega, que eres tú, por ejemplo. Allí colocas toda la serie de fotografías con las etiquetas correspondientes al tema de la imagen y las personas que quieran imágenes de propiedad, entran y si les interesa la compran.

La manera de hacerlo es en páginas especializadas que sirven de mediador, es un ecommerce pero de puras fotografías, cuando una se vende el sistema gana un porcentaje y el fotógrafo otra.

Dentro de este mercado hay de todo, algunas páginas se quedan con una buena porción del dinero, pero están bien posicionadas lo que aumenta la posibilidad de venta.

Otras páginas no tan bien posicionadas dejan un 50 o 60% de ganancia, todo depende siempre del lugar donde se coloque y los objetivos que se tengan, pero se puede generar dinero con las fotografías sin trabajar mucho en lograr la venta.

Ingresos apalancados

Estos son los ingresos que se perciben por medio de un trabajo en equipo o donde interfieren además de tu talento otros elementos que ayudan a que ganes, te cuento la dinámica de cada uno de ellos.

Red de afiliados

La red de afiliados te la he nombrado ya algunas veces. Te pondré un solo ejemplo para no extenderme, regresemos al sitio web de afiliación que genera ingresos por vender taladros inalámbricos.

El sistema funciona así. Tú creas un sitio web, lo configuras para que sea un sitio de ventas por afiliación, sigues los procedimientos para que Amazon te genere el permiso para vender sus productos, eliges los productos, que sean de un mismo rubro, no vas a vender taladros y peines de perros, si vendes taladros es solo taladros.

Ahora escoges los taladros que vas a vender y les generas una entrada con una guía de compra donde hablas del producto y además el link de compra en diversos sitios, así los clientes verán se interesaran y le darán clic, de este modo llegarán a Amazon y allí concretarán la compra, cuando lo hacen entonces tú te ganas una comisión.

Es fácil, claro, dinero que llega sin que hagas nada, pero esto exige que diseñes un sitio web de valor, con un buen posicionamiento, para que cuando un usuario ponga en Google "taladros inalámbricos" aparezcas de primero y aumentes la posibilidad de venderle la herramienta. Eso es una red de afiliados.

Equipo de ventas

Los ingresos pasivos por equipo de ventas son aquellos ingresos que ganas por comisiones gracias a las ventas de los otros del equipo.

Es como el ejemplo que te di de Herbalife, donde generas ganancias por los vendedores que están por debajo de ti, los que reclutas luego de tu llegada y pertenecen a tu equipo, muchos de ellos venden y tú ganas y cuando ellos afilian a otros tú ganas aún más y así te llegan ingresos pasivos sin que hagas nada, porque son producto del trabajo de ese vendedor.

Esto no pertenece solo a Herbalife, en el mercado de ventas los equipos se manejan así, vendiendo de manera piramidal, para que todos ganen desde el primero de la lista hasta el último.

Es una de las maneras más interesantes de ingreso pasivo en este ramo, aunque aquí se combina el trabajo que haces como vendedor, con el ingreso pasivo que recibes por los demás.

En este tipo de ingreso también se incluyen esos bonos especiales que llegan cuando se cumplen metas, si el equipo de vendedores que tienes ganó tal suma puedes tener un bono especial que no esperabas y llega sin que hayas hecho nada recientemente.

Franquicias

Cuando logras tener una franquicia que se posicione, es una manera de generar ingresos pasivos mientras vas viendo tu cadena en nuevos sitios, vamos a imaginar que tienes una franquicia que vende café, ésta la tienes tú que eres casa matriz, pero la vendes a otros, las personas vienen y la compran y ellos la ponen en sus locales, la ponen con la filosofía de negocio que tienes y para obtener esa franquicia ellos te pagan una suma, pero además de esto cada franquicia tiene que pagarte anualmente una prima de acuerdo al número de ventas que tengan anualmente.

Entre más franquicias vendas más dinero ganarás. Los precios de las franquicias son variados, algunos cuestan algunos cientos de euros y otros millones, depende del tamaño de la franquicia y la garantía de retorno que tenga.

Lo mejor de todo es que no inviertes nada, solo das permiso de que usen tu concepto y el que te lo compre tiene que ponerlo en su local instalar, acondicionar y pagar servicios, mantener el negocio, todo, además si vendes café con una receta determinada le puedes vender los ingredientes, más ganancia.

6

EMPRENDIMIENTOS DIGITALES
PARA OBTENER INGRESOS PASIVOS

*M*arketing de afiliación

Este es uno de los tipos de marketing basados en lograr resultados. En este caso el anunciante no paga por impresiones o clics, sino por los resultados que se logran.

El sistema funciona así: el sitio web que se llama afiliados pone en su sitio los anunciantes por medio de publicaciones de anuncios y promociones, en estos se pueden vender productos de empresas, hosting, cursos de manejos de redes sociales y una infinidad de productos y servicios.

Para estos casos entonces los afiliados ganan una comisión cuando un usuario entra en la web y hace la compra, pero lo hace pulsando en el enlace y cumpliendo con un formulario de registro.

Este es un modo de generar ingresos pasivos, donde el trabajo duro es al inicio que se crea el sitio con un buen SEO luego corresponde cada cierto tiempo hacerle un cariño al blog para mantenerlo en óptimas condiciones para su uso.

Vende cursos o servicios pasivos en un blog

Los cursos son una increíble forma de generar ingresos, porque los puedes vender a través de un blog, la manera de conseguirlo para que no tengas que hacer mucho es que automatices todo.

El usuario llega al blog que cuenta con todo el sistema para que tenga un excelente SEO que atraiga mucho tráfico y posteriormente allí elige el curso o los servicios que ofreces y lo puede pagar por medio de una pasarela de pago donde concreta todo el proceso sin que participes directamente, ya luego se concreta haciéndole llegar el curso o el servicio dependiendo de lo que estés vendiendo.

Los servicios pasivos son una manera ideal de generar dinero sin que tengas que emplear demasiado tiempo en cumplirlo.

Vende cursos en plataformas

Si eres una persona con amplio conocimiento puedes hacer uso de las muchas plataformas posicionadas para vender cursos. Cuando eres propietario de un contenido de enseñanza no tienes que casarte con una sola plataforma, puedes usar diversas para llegar a múltiples usuarios que se interesen por el contenido que ofreces.

La ventaja de vender los cursos en plataformas posicionadas es que llegan a muchísimos más interesados en hacerse de ellos, no es lo mismo que estar en plataformas que no aparece en los primeros lugares, ahí te corresponde hacer un trabajo de SEO para que el sitio gane las primeras posiciones y ya luego lo vendes, pero si lo vendes en un ecommerce ya posicionado solo es hacer una publicación atractiva, ponerle las etiquetas correctas y esperar a que comiencen a hacerse las ventas.

Lo excelente es que puedes generar ingresos desde diversas fuentes con la venta de tus cursos.

Vende tus creaciones en marketplaces

¿Eres un artista que hace diversas obras? Ya no tienes que dejarlas en casa esperando que algún día alguien las compre. Hay marketplaces para que vendas tus creaciones y en este caso no me refiero a que vendas pinturas y obras de escultor, sino para cualquier tipo de creación, si amas tejer, puedes vender tus trabajos. Las opciones son muy amplias, puedes vender creaciones para un nicho en específico.

Por ejemplo, los que son amantes de Minecraft, tienen un marketplace donde pueden vender productos como aspectos de personajes, mapas detallados, construcciones, texturas y todo lo que tiene que ver con este juego.

Como puedes ver se puede vender lo que sea con tus creaciones. Hay páginas donde puedes vender todas tus manualidades como Etsy, puedes abrir una tienda personal para que vendas todos los productos, Etsy ofrece una serie de ventajas y es la web donde puedes vender muchos productos y cuenta con muchas categorías.

Ezebee es otra plataforma muy útil, también tienes a Amazon handmade que tiene una gran cantidad de productos hechos a mano, qué mejor que usar a Amazon pero en esta sección.

Puedes explorar todas las opciones de marketplaces y elegir aquella que conecte con tus creaciones.

Publica ebooks

Ya este tema lo toqué antes pero ahora te lo profundizo un poco más, puedes publicar libros en una plataforma sólida como KDP Amazon, donde lo montas y accedes a una opción de venta de libros donde puedes generar dinero sin hacer mucho trabajo.

Muchas personas viven de colocar libros en Amazon, les hacen un buen trabajo de SEO y posteriormente comienzan a generar ventas, entonces si colocan muchos libros y todos suman ingresos de ganancias de manera pasiva al final se genera bastante ingreso.

Lo bueno con los ebooks es que a medida que se hacen ganancias constantes y ventas la misma plataforma va posicionando el libro en los primeros lugares lo que aumenta la exposición, ya que los interesados se dejan guiar por esta posición y lo toman como que es bueno porque está en los primeros lugares y esto aumenta las ventas.

Esto de publicar ebooks es un buen negocio donde con poco trabajo dejas trabajando una máquina que puede dar ganancias constantemente.

Monetiza una web con Adsense

Si no sabes cómo hacerlo te cuento rápido cómo puedes generar ingresos con tu sitio web. Esta es una de las opciones más conocidas para monetizar un sitio web colocando anuncios en Google Adsense.

Hay varias formas de monetizar el sitio web, pero en esta ocasión te quiero contar cómo hacerlo con esta estrategia. Es un modo de ganar dinero online por medio de esta fuente de ingresos, estos provienen de los clics que se dan en los anuncios.

Muchos han visto que se puede ganar dinero online por medio de esta fuente. Los ingresos llegan por los clics que dan en los anuncios. Adwords es la plataforma de pago por clic de Google, cuando haces publicidad el anunciante cancela la palabra clave y se enfoca en las campañas.

Para que tengas una idea de qué es de lo que te hablo, ponle cuidado a este ejemplo:

Si en Google Adword un anunciante paga 5 dólares por la palabra clave "libros online", Google Adsense paga más o menos el 68% de esa palabra.

La manera de hacerlo es abrir la cuenta en Google Adsense, esto es algo que roba apenas unos minutos de tiempo.

Luego cuando el sitio web sea activado se podrá conseguir el anuncio publicitario para incluirlo en la página web. Se puede insertar el código en las páginas como desees.

Con esto comienzas a ganar unos centavos, o dólares por cada clic, cuando alguien entre al sitio y le vaya dando clic en los anuncios en cualquiera de tus páginas web comienza la ganancia.

No es aconsejable que hagas tú mismo los clics ya que esto dejaría como resultado una penalización e incluso la suspensión de la cuenta. Además el dinero que ya hayas acumulado se perderá.

Mira las estadísticas, los ingresos en Adsense se pueden monitorear cuando quieras solo ingresando a la cuenta. Es importante que sepas que hay factores que afectan el desempeño del sitio y los ingresos de Adsense que ganas.

Esta es una práctica común, cuando un sitio comienza a ganar dinero la tendencia es que el dueño desee ganar más, esto es algo que toma un poco de tiempo, pero al final genera resultados.

Crea un canal de YouTube

Los canales de YouTube son una buena estrategia

para generar dinero, muchas personas hacen un trabajo de montar videos de diversos temas que comienzan a generar visitas que cuando están en un punto alto pueden dar dividendos, de este trabajo arduo han salido youtuber que han trascendido a otros escenarios, pero también es una manera de mantener videos que las personas ven a diario y se monetizan.

Las normas de YouTube para monetizar los videos exige una cantidad de suscriptores más una cantidad de vistas en los videos, cuando se cumplen estas normas ya se puede empezar a monetizar y por cada vez que miren el contenido se comienza a generar más ganancia.

Si tienes talento para hacer videos pues la red social audiovisual YouTube podría ser una gran alternativa para ti.

Dropshipping

El dropshipping es un método para ganar dinero que da buenos dividendos hoy en día. Es un método de envío y entrega de pedidos minoristas en el cual no se necesita que la tienda tenga los productos que vende ya que la tienda que vende el producto lo compra a un tercero quien se encarga de enviarlo al comprador.

En este caso tú nunca ves el producto, pasa de vendedor a comprador y tú eres una especie de mediador.

La diferencia entre este modelo y el estándar es que el vendedor o sea tú, no necesitas contar con lo que vendes, en vez de eso lo compras según sea necesario, por lo general lo compras a un mayorista o fabricante, y este completa los pedidos.

Social trading

Cada día es más común ver a personas practicando el social trading. Ya sea porque quieren sacar rendimiento al dinero que tienen o porque se quieren dedicar a esto de manera profesional.

El desarrollo de las nuevas tecnologías y la conexión a internet ha democratizado el acceso a este campo de inversión y ahora cualquier persona lo puede hacer.

Una comunidad de trading funciona similar a las redes sociales como Facebook pero en vez de compartir las historias personales, los integrantes debaten y hablan de trading, empero, en este caso se pueden dividir a quienes están en la red en dos tipos: quienes proveen señales o profesionales que comparten su operativa y los seguidores de estos quienes buscan asesoramiento y estrategias para ganar.

CONCLUSIÓN

¿*E*stás animado a empezar a buscar los ingresos pasivos? Ya ves que aunque es un camino que logra una buena libertad financiera, el iniciarlo implica que tienes que trabajar un poco, pero es como todo, se comienza dando los primeros pasos y posteriormente poco a poco vas creciendo.

Pero lo bueno es que el esfuerzo dejará los frutos y al final andarás solo, comienzas gateando, arrastrándote como los bebés, pero al momento en el que crezcas podrás hacer inversiones de ingresos pasivos más grandes.

A lo mejor comienzas con un ebook, uno solo, que te da unos dolaritos cada tanto, luego pasas a una web de afiliación que genera otro poco de dinero, sigues trabajando, ahorrando, reinvirtiendo y puedes generar otros proyectos más grandes donde ahora pones un fondo de inversión, es un trabajo de hormiga, una construcción donde con esfuerzo al final estarás buscando dónde invertir un dinero y te preocuparás porque tienes un dinero parado en el banco que no sabes dónde invertirlo porque estás en todo. Esas preocupaciones son buenas, saber dónde poner la plata porque es tanta que no sabes qué hacer con ella.

Pero eso lo consigues con trabajo duro, con esfuerzo, con dedicación, hacerlo requiere de enfoque y saber que debes cambiar esa mentalidad a generar ingresos pasivos y dejar de ser un empleado que trabaja doce horas al día de lunes a viernes, ahora te haces una persona que trabaja pero en lo suyo, buscando ingresos pasivos para seguirte dedicando a otras áreas.

Los ingresos pasivos son un modo de vida que una vez que lo pruebas no lo dejas, porque es muy satisfactorio comenzar a recibir dinero por algo que se hizo hace un tiempo, por ese ebook, por esa artesanía que se está vendiendo en un marketplace, por ese curso que está publicado, cuando el dinero comienza a llegar desde diversos frentes estoy seguro de que buscarás cada día tener más ingresos y al final haces vida solo con los ingresos pasivos y dejas de buscar esos ingresos activos estando a merced de la voluntad de jefes o compromisos de horarios en una empresa.

Espero que este trabajo te haya servido para conocer las inmensas posibilidades que brinda el ingreso pasivo, que hayas comprendido lo que significa y aclarado esas dudas, además que de los pocos ejemplos que te di alguno te sirva para que comiences desde hoy mismo a generar esos ingresos pasivos en tu vida y comiences a transformarla para siempre, porque recuerda esto, cuando cambias el modo en el que percibes la economía, no lo haces solo para ti mismo, sino para todos los que te rodean, los hijos, la esposa, los padres, todos, pero más que darles un mejor estilo de vida, le vas a enseñar a generar mejores ingresos.